POURQUOI

JE SUIS

RÉPUBLICAIN

Par un Catholique

LIBRAIRIE VITTE

POURQUOI

JE SUIS RÉPUBLICAIN

Lyon. — Imp. Emmanuel VITTE, rue Condé, 3o.

POURQUOI

JE SUIS

RÉPUBLICAIN

Par un Catholique

LIBRAIRIE VITTE

POURQUOI

JE SUIS RÉPUBLICAIN

PAR

UN CATHOLIQUE

E moi est haïssable, ont dit tous les moralistes : aussi n'est-ce pas mon opinion personnelle que je viens exposer ici pour le plaisir d'exposer mon opinion personnelle, mais je fais mon devoir en disant ce qui me paraît être la vérité, vérité actuelle, urgente, impérative comme le besoin d'air et de lumière dans les périls d'une situation embrouillée par tant de malentendus.

Je ne sais si j'ai l'œil mal conformé, mais la question politique, prise en elle-même et pour elle-même, m'est toujours apparue insignifiante et puérile en regard de la grande question, de l'unique question religieuse, sociale et patriotique, seule digne d'absorber tous nos efforts, de concentrer tous nos enthousiasmes.

Est-ce à dire, comme tant de catholiques aujourd'hui sont inclinés à le croire, qu'il faille se désintéresser de la politique ? C'est précisément le contraire. La question politique, insignifiante en elle-même et pour elle-même, acquiert une importance capitale comme instrument d'attaque ou de défense religieuse, sociale et patriotique. Se désintéresser de la politique ! Autant se désintéresser de la religion, de la société et du pays. La politique ! mais c'est elle qui mène le monde. N'est-ce pas au nom de la République par exemple (c'est-à-dire d'une forme de gouvernement) que se fait aujourd'hui tout le mal, que se commettent et s'élaborent jour à jour toutes les infamies, toutes les hypocrisies maçonniques et légales en train d'infuser à la France le poison lent qui doit la déchristianiser et l'abrutir ?

S'il en est ainsi, ne nous désintéressons pas de la politique. Ne nous abstenons pas. « Abstention, complicité », a dit un penseur. Quelle que soit notre faiblesse, souvenons-nous des vers du poète :

Quand un mont chancelant croule, le grain de sable,
S'il pouvait empêcher sa chute, est responsable
    Des crimes du bloc de granit.

L'homme faible est l'appui du méchant qui se lève ;
Les peureux font l'audace ; ils ont avec le glaive
    La complicité du fourreau.

Ne dites pas : — C'est mal, mais je n'y vois que faire. —
Ne dites pas : — J'ai peur, et je rentre en ma sphère (1).

Notre *sphère* à tous, c'est l'action contre le mal, et tout d'abord — comme instrument — l'action politique. Mais quel sera le drapeau ?

C'est ici que je me sépare d'un bon nombre de mes coreligionnaires, et que j'arbore hardiment — et franchement, ce qui est plus rare, — le drapeau républicain.

Voici le motif de mes préférences, — préférences qui, je le répète, ne découlent pas d'une préoccupation politique et étroite, mais du grand besoin de défense religieuse, patriotique et sociale dont je parlais tout à l'heure.

Pourquoi je suis républicain ?

(1) Victor Hugo, *les Quatre Vents de l'esprit*.

Ma réponse est contenue dans les deux *parce que* suivants :

1° *Parce que le peuple le veut.*

2° *Parce que la franc-maçonnerie ne le veut pas.*

I

Le peuple est républicain. Je ne dis pas qu'il ait le tempérament ni les vertus qui font le républicain véritable. Je ne dis pas qu'il ait raison de préférer la république à la monarchie. Je ne dis pas que ses préférences soient raisonnées, ni surtout qu'elles soient éternelles. Je constate un fait : le peuple aujourd'hui est républicain.

Il *se croit* républicain, direz-vous ? — C'est possible. Au fond peut-être, en effet, ne l'est-il pas. Mais il croit l'être. Peut-être tient-il moins à la chose qu'au mot ; mais il tient au mot. Il tient à l'étiquette. Les élections sont là pour en témoigner. Que de départements profondément catholiques où les pires ennemis du catholicisme ont obtenu les suffrages, à la faveur de leur hypocrisie sans doute, mais aussi de leur profession de foi républicaine.

La République! ce mot, pour le peuple, n'a pas le sens réfléchi, raisonné et délimité qu'il a pour vous, qu'il a pour moi. Il le voit dans une auréole. Il y met ses désirs, ses aspirations, ses rêves de liberté, d'égalité, de fraternité universelle. Il y met les espérances qu'il a et les progrès dont il a besoin. Il le remplit de son idéal, il l'idéalise, il le divinise peut-être, car le peuple à qui l'on arrache Dieu et qui a soif d'adoration cherche du divin partout. S'il en croit voir le reflet dans un mot, il se prosterne. Et alors malheur à celui qui voudrait le détromper.

Et pourquoi, nous catholiques, le détromperions-nous, — nous qui adorons la République trois fois sainte et l'*égalité* des trois Personnes éternelles, nous qui croyons à la *fraternité* naturelle de tous les hommes en Adam et à leur fraternité surnaturelle dans le Christ, nous dont le Dieu est venu abolir le grand esclavage et planter l'arbre de la *liberté* céleste?

Jolie liberté, me direz-vous, jolie égalité et jolie fraternité que celles de la troisième république! — En quoi vous avez cent mille fois raison. Voilà, certes, ce qu'il faut clamer sur les toits, comme vous le faites, chers journalistes catholiques. Mais pourquoi le faire au nom de la monarchie, à laquelle le peuple s'intéresse à peu près autant qu'au grand Turc ; ou au nom du bon sens, toujours un peu froid et qui ne sera jamais une passion populaire ; ou même au nom de la religion sainte, qui elle, certes, est digne de tous les enthousiasmes, mais ne les excite pas toujours dans un pays ravagé par la presse voltairienne ? Pourquoi ne pas le faire au nom de la république ?

Pourquoi ne pas utiliser la force qui est dans ce mot ? Pourquoi ne pas crier et protester au nom de la république véritable, au nom de la vraie république telle que le peuple la rêve, au nom de la liberté, de l'égalité et de la fraternité vraies, contre la tyrannie jacobine et maçonnique d'une poignée d'absolutistes sectaires ?

Car (et voilà la chose dont le peuple ne se doute pas et qui, s'il la savait, soulèverait sa juste colère) la France, depuis quinze ans, est gouvernée par un mot d'ordre secret, tombé de la loge suprême, transmis militairement suivant une hiérarchie rigoureuse, à toutes les loges subordonnées, répété en écho par tous les organes de la secte, c'est-à-dire précisément par tous les journaux républicains, qui constituent ce qu'on peut appeler la presse esclave. Il y aurait sur tout ceci des révélations foudroyantes à faire. La France, à l'heure qu'il est, est littéralement prise et emmaillottée dans le réseau d'une organisation qu'on pourrait nommer l'organisation de la tyrannie. Et l'organisation est si savante, si souple et si admirable, tous les rouages de la machine autocrate sont si finement dissimulés et si doucement huilés, que la tyrannie s'exerce lente, silencieuse, invisible, implacable. Le peuple est pris, le peuple est esclave, le peuple ne s'en doute pas. Il se croit libre, il se croit souverain. Car — et c'est là le chef-d'œuvre du despotisme — ayant voulu se donner un nom, le despotisme a pris pour nom : liberté. Et c'est ici qu'il faudrait parler de cette chose profonde et insoupçonnée : l'organisation du mensonge par l'hypocrisie du langage.

L'hypocrisie ! c'est la vie même, c'est l'essence et le souffle de la secte despotique. Depuis le nom même de la franc-maçonnerie, qui s'appelle la *construction franche* parce qu'elle est la *destruction sournoise*, jusqu'à son but qu'elle dit être lumière et progrès parce qu'il est ténèbres et abrutissement, dans son langage et son esprit tout est mensonge. Le peuple s'en doute-t-il ?

Sait-il un mot de la conspiration gigantesque

ourdie par la secte contre l'Eglise catholique et qui, à elle seule, prouverait la divinité de notre foi ? Soupçonne-t-il que chacune des lois votées depuis 15 ans par les Chambres françaises, et chacun des articles de chacune de ces lois, est une des mailles du réseau perfide, un des fils de la corde destinée à étrangler l'Eglise, à étouffer Dieu dans l'âme française ? Sait-il qu'il y a 20 ans tout cela était écrit mot pour mot, canevas satanique, dans les cahiers de la secte, et que l'histoire de France, sous la troisième république, n'est que l'exécution littérale et progressive de ce plan ? Quand le peuple danse des bals malsains ou dévore des feuilletons empoisonneurs, il ne songe guère assurément que la secte écrivait, il y a 20 ans : « Pour déchristianiser, corrompre. » Le peuple est trop bon pour croire au mal, il est trop simple pour croire à une malice si compliquée, si profonde; il est d'ailleurs trop peu passionnément chrétien pour croire à la rage antichrétienne et s'expliquer cette rage. Mais les faits sont là, la franc-maçonnerie est là avec son histoire, ses symboles, ses actes, ses aveux. C'est tout cela qu'il faudrait lui faire connaître. C'est la franc-maçonnerie qu'il faudrait lui dévoiler, la secte hypocrite qu'il détesterait s'il l'apercevait dans sa hideuse lumière, lui le peuple franc. C’est la maçonnerie qu’il faut lui dénoncer, ce n’est pas la république qu’il aime et que nous n’avons pas de raison pour lui ravir.

La franc-maçonnerie est à la république ce que le phylloxera est à la vigne ou la maladie à l’homme. On ne tue pas un homme pour le guérir ; on ne tue que son mal. Et l’on tue son mal en exploitant sa santé. Il faut tuer la maçonnerie par la république.

Que nous serions forts sur ce terrain ! La maçonnerie, à qui personne ne reprochera de manquer d’habileté, ayant à choisir son habit pour se présenter au peuple et gagner sa confiance, a endossé la république. Mais à elle cet habit va mal, et s’il a fait son crédit jusqu’à présent, c’est à force d’hypocrisie et de dissimulation. La corne pointe sous le voile vierge. Au chrétien véritable que cet habit siérait bien ! Et comme sur les lèvres des vrais amis du peuple sonneraient, pleins et sincères, ces mots immortels qui sonnent vides et creux sur les lèvres menteuses de ses ennemis masqués ! Liberté, progrès, fraternité, lumière, c’est le programme du Christ. Satan peut bien le parodier un moment, ce n’est pas à lui de le remplir.

Sommes-nous en république ? Un livre remarquable a paru sous ce titre, et la réponse a été négative. Non, nous ne sommes pas en république. Trouez l'étiquette, percez la surface, cherchez, sous la parodie et le mot, la réalité et la chose, que trouvez-vous ? L'absolutisme, la pire des monarchies absolues, mariée à la pire des licences. Voilà où nous en sommes.

Eh bien, ne serait-il pas cent fois plus pratique et plus aisé de notre part, cent fois plus habile et plus simple, plus populaire et plus chrétien de réclamer de toutes les forces de nos voix, hardiment et sincèrement, non pas une monarchie impossible ou une pâle abstraction comme l'économie et l'ordre, non pas le triomphe d'un parti ou bien d'un autre parti, mais la république, la république !

Vous aurez beau faire : le peuple, qui n'a pas toujours des idées justes, mais qui a toujours des idées simples, confondra, j'allais dire bloquera toujours ces notions : monarchie, ancien régime, abus, gouvernement des grands, mépris des humbles, d'une part ; et, de l'autre, république, fraternité, justice, droits humains des faibles et des petits. Nous semblons trop ignorer parfois cette psychologie synthétique de l'âme

populaire, incapable de nuances, et la force de
certaines associations d'idées unies longtemps
dans les esprits. Un jour peut-être l'expérience,
la réflexion prolongée, l'étude approfondie de
l'histoire modifieront à cet égard ses opinions ou
ses préjugés ; c'est possible, mais aujourd'hui le
peuple est républicain.

Eh bien, quel mal y a-t-il à cela ? Puisqu'il la
veut, donnons-lui la république, la république
vraie, dont la recherche l'égare jusqu'à l'irréli-
ligion, jusqu'à l'impiété, et continuera à l'égarer
si nous n'intervenons pas. Donnons-lui le mot,
et de plus que les méchants et les farceurs qui se
moquent de lui, donnons-lui la chose.

Allons à lui non seulement de bouche, mais
de cœur. Et il viendra à nous.

II

Je suis républicain, parce que le peuple le
veut. J'ajoute : je suis républicain, parce que la
franc-maçonnerie ne le veut pas.

Remarquez le phénomène :

Chaque fois qu'un homme intelligent parmi

nous, qu'il s'appelle Lavigerie, Fava, Fould ou tout autre, lève le drapeau dont je parle, observez la grossièreté de l'accueil que lui font les faux républicains, ses faux frères, les francs-maçons au pouvoir. De loin et pour l'effet de la phrase on a pu nous dire : « La république est ouverte, entrez, Messieurs. » Mais quelqu'un s'avise-t-il de prendre au sérieux l'invitation, les portes sont gardées par des cerbères à l'œil rouge et aux crocs menaçants qui défendent les approches et dévorent quiconque a l'imprudence de vouloir passer. Le fait est significatif et cette colère a sa philosophie.

C'est très clair. Tout le pouvoir, toute l'influence, toute la vie de la franc-maçonnerie en France, toute sa sécurité et sa valeur, toute son habileté et son succès, c'est son identification à la république. Il faut qu'elle puisse dire : « Elle, c'est moi. » Il faut qu'elle ait un mot pour se cacher. Il faut qu'elle ait un masque.

Ce masque, c'est la République.

Le mal a un impérieux besoin de se déguiser, de se revêtir d'une défroque brillante, d'une splendeur qui séduise, et de dire : cette splendeur, c'est moi. Au fond, la maçonnerie ne tient pas plus à la république qu'à toute autre forme de gouvernement (voyez l'Italie, par exemple, voyez la Belgique). Mais la république étant une tendance moderne, comme la liberté, comme le progrès, comme la science, comme l'instruction (au moins dans le dictionnaire), le mal s'est emparé de toutes ces forces vagues et puissantes, de tous ces grands mots qui ont fait sa fortune comme ils auraient fait celle du bien, si les enfants de lumière avaient l'habileté de leurs ténébreux ennemis.

Aussi lisez l'histoire : en tous temps le jeu du mal a consisté à établir dans l'esprit public une association d'idées qui sauvât les apparences. La négation, au XVIe siècle, s'est cachée derrière l'Evangile ; au XVIIIe, derrière la philosophie ; au XIXe, derrière la science. La maçonnerie se cache derrière la république.

Si la secte disait ce qu'elle veut, si elle avouait son nom réel, ce serait fini d'elle. Il lui faut un but apparent, il lui faut un nom officiel. Ce nom officiel, c'est République.

La maçonnerie se fait politique pour être impunément irréligieuse.

Pas n'est besoin d'avoir fréquenté longtemps les journaux dits républicains, c'est-à-dire les organes maçonniques, pour comprendre le parti que la secte a tiré et tire tous les jours de cette association d'idées, de cette alliance de la question politique à la question religieuse. Cette association d'idées est d'autant plus forte, cette alliance d'autant plus facile, que les catholiques, qui en sont les victimes désignées, font sans le vouloir le jeu de l'ennemi et renforcent pour leur propre compte cette association et cette alliance, en opposant à l'union de la franc-maçonnerie et de la république l'union du trône et de l'autel. Cette union, fort honorable au trône sans doute, a cela de funeste à l'autel qu'elle rabaisse, dans l'esprit du peuple, la religion catholique, la religion du ciel et de la terre, au rôle de religion du roi et de ses partisans, ce qui est mesquin, avouons-le. Le catholique a, certes, le droit d'être royaliste, si bon lui semble ; mais il n'en est pas moins certain que l'ennemi aura d'autant plus de force contre le catholicisme, qu'en l'attaquant il aura l'air de défendre les institutions du pays. Il aura d'autant plus de force dans la question religieuse qu'elle sera compliquée de la question politique.

Aussi accréditer par tous les moyens cette compromission de l'Eglise catholique, de la vérité éternelle, avec les factions réactionnaires, exploiter ce rapetissement de Dieu aux dimensions d'un parti, renforcer dans l'esprit du peuple cette double association d'idées entre le cléricalisme et la réaction d'une part, entre le laïcisme et la république de l'autre, tel est le but quotidien, tel est le programme constant de la presse maçonnique. La confusion est le paradis de l'erreur, a dit un grand philosophe. La confusion politico-religieuse est le paradis de la secte. Elle lui sert à tout. Un catholique dit-il un mot ? c'est contre la République qu'il a parlé. Un prêtre tonne-t-il en chaire contre l'école sans Dieu : il a attaqué la République. Il s'établit peu à peu entre la *république* et la *religion* une inimitié radicale qui permet à celle-là de tout oser contre celle-ci, et sous prétexte de légitime défense et de volonté populaire. La tactique est habile. C'est alors que les décrets et les expulsions, les spoliations du clergé, les lois d'athéisme et de persécution deviennent des lois *républicaines*. Il n'est plus d'infamie qui ne se colore de la volonté populaire, et c'est là la force de l'infamie. Quand la secte écrit, elle peut signer République.

Vous concevez dès lors l'importance pour elle de cette signature et le prix jaloux qu'elle attache à sa propriété exclusive, et la haine qu'elle voue à la main qui voudrait la lui ravir. La main qui pourrait la lui ravir, ce n'est pas celle du monarchiste, qui, au contraire, la lui laisse ; ce n'est pas celle du catholique pur et simple, qui ne fait pas de politique. C'est celle du catholique républicain.

Le catholique républicain, voilà l'ennemi.

Voilà l'ennemi dangereux, l'ennemi sérieux de la secte qui tient à son monopole comme à la prunelle de son œil, comme à sa vie même, car ce monopole c'est sa vie. La maçonnerie veut garder le monopole de la république.

Supposez un instant la question politique simplifiée et résolue par l'entrée en masse dans la république de tous les catholiques de France. Supposez que le choix se pose ainsi désormais : non plus *république ou réaction*, mais *maçonnerie ou catholicisme*. Supposez la question religieuse complètement dégagée, émergeant, nette et claire, des complications, des compromissions inférieures, comme le soleil au-dessus des nuages et des fluctuations atmosphériques où il apparaît indignement mêlé. Ne voyez-vous pas que le masque tombe, que le mensonge perd un de ses plus beaux refuges : la confusion des idées, la confusion politico-religieuse, et qu'un grand pas est fait vers l'entente et la lumière ?

L'entente et la lumière, voilà ce que redoute le grand menteur, de qui procède la secte des hypocrites. Je comprends dès lors ses colères contre les nouveaux convertis, et sa terreur d'une conversion générale de la France chrétienne à la république, qui serait une conversion de la république à la France chrétienne. Car, pour le dire en passant, il y a un excellent moyen de convertir la république, c'est de s'y convertir. Vous vous plaignez qu'elle est inhabitable, mais vous avez un moyen très simple de l'assainir, c'est d'y entrer. Vous l'appelez la gueuse, et vous avez raison, car l'honnête homme y est rare ; mais à qui la faute ? Peuplez-la de braves gens. Vous ne voyez pas de républicains honnêtes ? soyez-les ! Quand les trente-cinq millions de catholiques français y seront entrés, que deviendra le repaire maçonnique ? Car voici une évidence que M. de La Palisse eût trouvée et à laquelle nous ne songeons guère : Autant de catholiques républicains, autant de républicains catholiques.

Vous dites : « Voyez comme ils nous reçoivent. L'un nous insulte, l'autre nous pose des conditions. L'accueil est-il encourageant? Les conditions sont-elles acceptables? »

Les conditions! Voilà le grand mot; le mot étrange, répété de part et d'autre, le mot ridicule et que je ne puis comprendre dans la question qui nous occupe. La franc-maçonnerie nous pose ses conditions? grand bien lui fasse, elle est dans son rôle. Je la comprends, elle. Il est clair que nous dire : « Entrez, Messieurs, la République est ouverte, mais acceptez les lois d'athéisme, » c'est nous dire, avec l'hypocrisie en plus : Défense d'entrer. Je la reconnais là. Mais ce que je ne comprends pas, c'est que nous nous laissions prendre à ce jeu. Ce que je ne comprends pas, c'est nous. C'est que nous baissions la tête avec l'humilité de l'esclave devant son *veto* fantaisiste, que nous posions en dogmes ses délimitations de choses et ses définitions de termes, et que nous allions prendre le sens des mots dans son dictionnaire. Si dans l'idée et le mot république vous faites entrer chaque fantaisie des mauvais drôles qui s'intitulent républicains, chaque sottise d'un Ferry, chaque scélératesse d'un scélérat, et l'athéisme obligatoire, et la séparation de l'Eglise et de l'Etat, et le crochetage des portes, etc., etc., il n'y a pas de raison pour s'arrêter et ne pas y faire entrer la sorcellerie et le spiritisme parce qu'il y a des spirites républicains. Ceci, c'est la destruction du dictionnaire et de la pensée même, et là encore je reconnais bien la secte, qui veut brouiller toutes les notions pour mieux pêcher en eau trouble. Soyons clairs. La république c'est la république, rien de plus. L'athéisme, c'est l'athéisme. La république n'est pas plus l'athéisme que l'athéisme n'est la république, que le soleil n'est le nuage ou le nuage le soleil, ou que la royauté n'est l'adultère, quand tous les rois l'auraient commis. Ne commettons pas la puérilité de confondre les choses avec les hommes, et les manies anticléricales de quelques tyranneaux sectaires avec l'essence de l'idée républicaine, celle qui séduit le peuple. Ce serait faire trop d'honneur à ces tyranneaux et trop peu à notre intellect. La République est ouverte à tous, entrons-y sans sonner chez le concierge (qui n'existe pas), sans consulter personne que la religion et la patrie; et au lieu d'accuser les vaillants qui nous ouvrent la voie, de trahison et de forfaiture, alors qu'ils n'agissent que par intelligence et par amour, alors qu'ils ne songent qu'à nous défendre avec plus de logique et d'avantage, méditons ces lignes que je lisais l'autre jour dans le *Matin,* sous la signature de Jules Delafosse :

« L'opposition dynastique est une force perdue, et toute force perdue ne fait qu'entretenir ou fortifier l'oppression révolutionnaire. L'opposition républicaine est, au contraire, une force utile ; elle peut, en groupant dans un effort commun républicains mécontents et conservateurs, faire brèche dans la forteresse et l'occuper. Vingt députés de la droite l'ont fait dans leurs circonscriptions qu'ils ont arrachées de haute lutte à la tyrannie républicaine. Deux cents autres, choisis comme eux parmi des hommes nouveaux, le peuvent faire avec le même succès, dans des collèges jusqu'à ce jour inféodés au jacobinisme. Le mouvement boulangiste, qui fut une faillite, mais qui reste une leçon, nous a montré combien fragile est la domination actuelle, combien le suffrage universel est prompt à la révolte, lorsqu'on lui fait entrevoir *une autre république* et d'autres destinées. Aux conservateurs attentifs et prévoyants, il appartient de réfléchir sur ces phénomènes et d'en tirer la conséquence. »

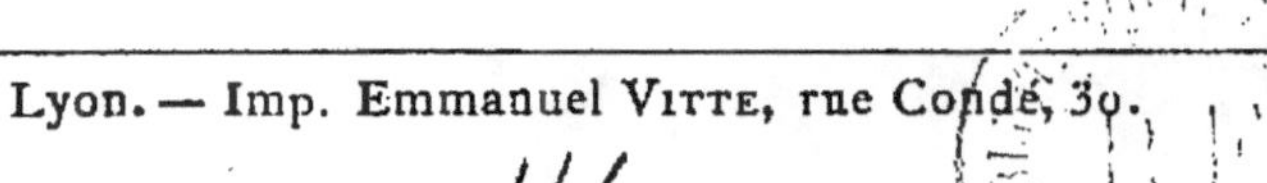

Lyon. — Imp. Emmanuel Vitte, rue Condé, 30.

146

LYON. — IMP. E. VITTE, RUE CONDÉ, 3o.